NOTICE

SUR

LA VIE ET LES TRAVAUX

DE

M. LE BARON GRENIER,

Premier Président de la Cour royale de Riom,

PAR M. BAYLE-MOUILLARD,

Avocat-Général à la même Cour.

NOTICE

SUR

LA VIE ET LES TRAVAUX

DE

M. LE BARON GRENIER,

PREMIER PRÉSIDENT DE LA COUR ROYALE DE RIOM,

Par M. BAYLE-MOUILLARD,

Avocat-général à la même Cour.

Clermont-Ferrand,

IMPRIMERIE DE THIBAUD-LANDRIOT ET Cⁱᵉ,

Rue Saint-Genès, 8.

—

1841.

NOTICE

SUR

LA VIE ET LES TRAVAUX

DE

M. LE BARON GRENIER,

ÉCRITE

A LA DEMANDE DE L'ACADÉMIE ROYALE DES SCIENCES,
BELLES-LETTRES ET ARTS DE CLERMONT-FERRAND,

ET LUE

Dans sa séance publique du 20 juin 1841.

Un éloge funèbre est toujours une flatterie posthume, où, sous des phrases brillantes, se cache bien souvent un mensonge convenu. C'est un dernier compliment que nous adressons à la mort. Surtout dans nos temps de trouble et de variation, lorsque les crises sociales bouleversent tous les pouvoirs, lorsque de longues oscillations font fléchir tous les principes, quand l'homme le plus ferme est pris de vertiges et chancelle à chaque pas de sa carrière, le panégyriste est condamné à d'étranges réticences. Il atténue les fautes, excuse les faiblesses. Il n'est pas même libre dans ses louanges, car l'éloge d'un jour peut

être la censure du lendemain ou la critique de
la veille.

Appelé à vous entretenir aujourd'hui de
l'un des hommes qui ont le plus honoré notre
Auvergne, je n'ai rien de pareil à redouter. Je
peux être sincère après sa mort comme il a
été sincère pendant sa vie. En parlant de lui,
la mesure serait une superfluité, la réticence
un outrage. Si son histoire eût été faite à chaque période de sa longue existence, à la fin
de cette jeunesse honorable et laborieuse, au
commencement de cette vieillesse laborieuse
et honorée, il suffirait aujourd'hui d'ajouter
une dernière page à ces pages restées toujours
véridiques. Je peux donc vous offrir simple-
ment sa vie en exemple et vous donner son
portrait pour éloge.

Mais ce portrait est difficile à faire. Pouvons-
nous bien comprendre cet homme d'un autre
siècle, qui a vieilli de nos jours, ce jurisconsulte de l'ancienne école, qui a été l'un des
auteurs et des interprètes de nos lois moder-
nes ; qui fut digne et simple, modeste au premier rang, et dont la vie, sans événements,
mais non pas sans éclat, se résume en ces
deux mots : travail et probité.

Jean Grenier naquit le 16 septembre 1753,
à Brioude, où son père était notaire et bailli

du seigneur de Lugeac (1). Quand il eut terminé ses études aussi-bien qu'on le pouvait faire alors dans un collége de petite ville, il fut expédié à Riom et ensuite à Paris. Le notaire avait l'ambition de faire de son fils un avocat; donc, après l'avoir initié en province aux principes de la pratique, il l'installa dans l'étude d'un procureur au Parlement. A cette époque, un jeune homme de vingt-trois ans pouvait prendre tous ses degrés en six mois (2); mais en expiation de ces facilités universitaires, l'usage avait institué le dur apprentissage de la cléricature. Il durait long-temps, n'admettait aucun repos, commençait par de longues copies, finissait par d'interminables procédures, combinées de façon à donner au procureur beaucoup de profits, aux clercs beaucoup de peine et peu de savoir. Il sortait donc de ces ateliers de la chicane grand nombre de praticiens, rarement des jurisconsultes.

Le jeune Grenier apporta dans la cléricature ainsi organisée, ce bon sens et ces habitudes laborieuses que la nature a donnés à l'enfant de l'Auvergne. Il ne s'effraya donc point de ce

____

(1) Et non pas de Langheac, comme on l'a imprimé par erreur dans le procès-verbal de ses obsèques, publié par ordre de la cour de Riom.

(2) V. la déclaration du 16 août 1630.

rude travail, mais il le jugea insuffisant ; et comme il y avait en lui le besoin de ne pas s'instruire à moitié, comme il avait compris que le savoir classique est la base de tout autre savoir, il recommença courageusement ses études du collége. Enfermé avec son compatriote Bonarme dans une étroite mansarde chauffée bien ou mal à frais communs, il relut les auteurs latins, il les relut avec patience, avec lenteur, comme un homme qui apprend pour toujours : sa mémoire tenace se les appropria ; et gardant le fruit de ce premier labeur, elle avait retenu, soixante ans plus tard, des livres entiers de Virgile.

En même temps il apprenait le droit. Pour cela, économe de ses heures, il recherchait les ouvrages laconiques où l'on expose avec précision les opinions contraires, où l'on indique sommairement les raisons déterminantes. Ce travailleur infatigable avait peur des *in-folios*, même de ceux qui portaient les plus grands noms. Il reprochait à Lebrun ses formes presque toujours obscures et métaphysiques, à Dumoulin ses inutiles citations. A l'exemple des historiens qui placent les pièces justificatives à la fin du volume, il eût voulu réduire les écrits des jurisconsultes à des principes, séparer du corps de l'ouvrage tout ce qui est

dissertation, et en former un dépôt de preuves
et d'arguments réservé pour les jours de com-
bats. De là, sa prédilection pour quelques
livres peu renommés. « Les paratitles de *Co-*
» *lombet*, disait-il, les petits ouvrages de *Cor-*
» *vinus*, et le dictionnaire de *Lacombe*, exer-
» cent plus l'imagination, fournissent plus
» d'idées, et instruisent avec plus de succès
» que bien des *in-folios*. Mornac qui ne dis-
» serte jamais, est peut-être l'auteur qui instruit
» le plus (1). »

Ces paroles du jeune homme contiennent
le secret du vieux jurisconsulte, et nous ré-
vèlent sa méthode : au milieu de ce chaos de lois
et de coutumes qui rendaient la justice si
souvent incertaine, discerner et méditer les
textes les plus essentiels, choisir un petit nombre de bons livres élémentaires, en extraire la
substance, s'en faire une nourriture intellec-
tuelle, se former sur tous les points du droit
un corps de doctrine inébranlable, le corro-
borer par de patientes lectures, arriver enfin
à la force de l'argumentation par la sûreté du
jugement, au savoir par le travail, à la vérité
par la méditation et la conscience.

De nos jours on procède autrement; on ne

____

(1) V. Commentaire sur l'édit de 1771, avert. de la 2ᵐᵉ édit.

choisit pas entre les petits livres et les gros volumes, car on n'en lit aucun. La science consiste à connaître quels sont ceux où, à l'aide d'une table alphabétique, on trouvera de l'érudition à emprunter. On a des dictionnaires de jurisprudence; on lit au jour le jour quelques arrêts, on s'enquiert des sujets de controverse; on s'inquiète beaucoup des arguments, fort peu des principes; et s'exerçant à discuter sur tout, on finit par douter de tout.

Mieux approvisionné, M. Grenier revint à Riom en 1777. Il était avocat à vingt-quatre ans, et le 12 mai sa signature fut imprimée au bas d'un mémoire. La question était grave; il s'agissait d'établir qu'*un père laissant après lui des mineurs et des créanciers, avait pu, par son testament, et dans les limites de la portion disponible, conférer à sa veuve le droit de vendre, sans formalité de justice, des immeubles pour payer les dettes.* A M. Grenier s'étaient joints douze des membres les plus célèbres de ce barreau de Riom, alors si renommé. Les parties adverses demandèrent une réponse à Me Albaret, savant jurisconsulte de Toulouse. Le procès était ainsi débattu de province à province; mais enfin l'Auvergne fut vaincue, et la disposition testamentaire fut annulée en 1778. Malgré la solennité de la discussion, M. Grenier ne mit à ce débat qu'une médiocre importance ; la question même frappa si peu sa mémoire, que, dans son Traité des Testaments, il l'a tout à fait oubliée.

Soixante ans plus tard, au moment où il rentrait dans la retraite , la même difficulté se présenta devant le même tribunal ; alors, comme autrefois, elle fut vivement agitée, elle reçut la même solution : mais personne ne se souvint du débat de 1777, pas même celui dont il avait commencé la carrière.

Quoi qu'il en soit, M. Grenier prit rapidement au barreau une place brillante. Dans les nombreux mémoires qu'il publia depuis 1778, il traita avec science et bonheur les questions les plus diverses du droit coutumier, du droit écrit, du droit ecclésiastique. Au milieu de ces grands travaux, il réservait du temps pour l'étude, méditait les lois nouvelles, approfondissait les matières les plus difficiles, et s'approvisionnait pour l'avenir.

A cette époque, les presses de Riom venaient de recevoir une impulsion puissante. Martin Dégoutte avait imprimé, en 1783, une dernière édition de Ricard, annotée par Bergier ; en 1785, il publiait le Commentaire de Chabrol sur la coutume d'Auvergne. Mais l'auteur fati-

*

gué de sa rude tâche, l'interrompit un moment, les presses s'arrêtèrent, les ouvriers res-
tèrent sans travail. Alors, pour suppléer au labeur du vieil avocat, Martin Dégoutte recourut
à M. Grenier; il avait entendu parler de ses
études préparatoires, de ses notes sur les lois
les plus difficiles; il demanda, il obtint de lui
un manuscrit que le jeune avocat avait fait
pour son instruction, et le *Commentaire sur
l'édit des hypothèques* parut en 1785. Cet ouvrage, publié par hasard, eut un succès bril-
lant; écrit pour la province d'Auvergne, il devint un manuel pour tout le reste du royaume.
L'auteur dut en préparer immédiatement une
édition nouvelle qu'il augmenta beaucoup, et
que Martin Dégoutte imprima en 1787.

Avocat renommé, heureux auteur, enrichi
par un mariage plus qu'on ne peut l'être par
le barreau, M. Grenier avait réalisé, à trente-
quatre ans, tous les vœux de son père, tous les
rêves de sa laborieuse adolescence. Sous ces
succès était cachée pourtant une forte épreuve.
Quand l'homme a touché son but avant l'âge,
il supporte impatiemment de ne plus avoir
de désirs ni d'espérances; il réagit sur lui-
même, et, brisant sa carrière, se jette dans
une voie nouvelle, dans une voie toujours
douloureuse, semée d'obstacles inconnus, où

s'irritent les ardeurs de cette ambition qui vient de naître, et qui n'est plus servie par le feu de la jeunesse. Vivant de travail, M. Grenier eût été préservé de ce péril; mais 1789 avait sonné; la tourmente révolutionnaire le lança dans la carrière administrative; il fut nommé *procureur-syndic.*

C'était un malheur. Dans le tourbillon des passions populaires, si l'on ne partage l'entraînement, on succombe. Or, M. Grenier était d'une nature trop honnête, trop calme, pour laisser enivrer sa conscience. N'ayant ni peur ni colère, il ne pouvait être cruel; les visites domiciliaires qui lui étaient ordonnées, n'amenaient aucun résultat; il ne comprenait pas le danger de ne point trouver de coupables. Heureusement pour lui ses fonctions cessèrent en 1792; quelques mois plus tard elles l'auraient perdu.

Que faire en rentrant dans la vie privée? le barreau n'existait plus. Dans cette fureur d'égalité, on voulait niveler les âmes, et, par respect pour les droits de l'homme, on proscrivait l'intelligence. M. Grenier se résigna; il ennoblit de son nom le titre de défenseur officieux.

Bientôt il en fut fier. Aux jours les plus périlleux de 1793, l'émigré Bosredon de Vatanges vint lui demander la vie. M. Grenier prit sa défense devant le tribunal criminel, puis devant le directoire du département, et enfin devant cette terrible Assemblée qui avait condamné Louis XVI, et proscrit les Girondins. J'ai lu le mémoire qui sauva l'émigré, et peut-être voudriez-vous entendre ces paroles qui furent plus décisives que la voix de Danton, plus heureuses que l'éloquence de Vergnaud, plus puissantes que les larmes de Malesherbes. Mais vous connaissez peu cette époque, si, dans ces pages propices, vous croyez trouver des accents d'éloquence, d'émouvantes paroles, ou même un appel à la justice ; alors il fallait expier, par un panégyrique de Marat, quelques mots en faveur de Charlotte Corday ; il fallait outrager la reine de France, pour obtenir le droit de défendre Marie-Antoinette. Alors, la justice était un péril, l'éloquence un attentat, la pitié une trahison.

La procédure seule pouvait émousser le triangle révolutionnaire. Pour donner quelques chances de salut à son client, M. Grenier eut la force de faire de la chicane au pied de l'échafaud. Il avoua d'abord qu'on avait fait chevalier de Malte le jeune de Vatanges, à onze ans, en 1782, long-temps avant le réveil du peuple. Sans doute c'était une superstition, presque un crime; mais enfin, chevalier de Malte, asservi à son Grand-Maître, devenu moitié moine, moitié soldat, il n'était plus citoyen, il n'était plus Français; donc il ne pouvait émigrer, car émigrer, c'était déserter la patrie. Puis l'avocat éleva des doutes sur le moment où le chevalier de Malte était sorti de France, des contestations sur l'époque où il y était rentré. Il fallut des vérifications, des renvois au citoyen ministre de l'intérieur, au comité de sûreté générale. A ce jeu de procureur, M. Grenier gagna la vie de son client; mais il la gagna à grands risques, car on ne sauvait pas une tête sans dévouer la sienne.

Cela fait, il revint à ses livres, ne soupçonnant pas le danger, ou l'oubliant dans l'étude.

Les temps devenus un peu meilleurs, on le nomma commissaire du gouvernement près le tribunal civil. En 1796 il donna sa démission, parce que l'on hésitait à nommer un substitut qu'il réclamait avec instance. Pour lui témoigner leurs regrets, les membres du tribunal se hâtèrent de le nommer *conseil des défenseurs de la patrie*. Mais sa démission ne fut pas acceptée : au nom de la France, au nom de ses anciens travaux, le ministre lui demanda de nouveaux services, et M. Grenier céda à cette invitation qu'un grand jurisconsulte, que Merlin avait signée (1).

Cependant la révolution continuait, ou, pour mieux dire, les révolutions se succédaient. On avait fini par avoir peur de la Convention, et le Directoire l'avait remplacée; le Directoire eut peur de lui-même à son tour. Barras, Rewbell et Lareveillière s'épouvantaient de Carnot qu'ils prenaient pour un traître. Ils le forcèrent à fuir; on déporta Barthélemy; on renvoya des conseils les représentants de quarante-huit départements.

L'an d'après, en 1798, il fallut compléter par des élections nouvelles ces conseils mutilés. Mais au moment du scrutin les électeurs se divisèrent; la majorité se sépara de la minorité, l'on eut des élections doubles, celles des patriotes et celles des hommes modérés. Alors les craintes du pouvoir changèrent de direction. Mais il est dans la nature des partis d'inventer des terreurs chimériques pour tromper sur leurs véritables frayeurs; et comme on craignait les patriotes on feignit d'avoir peur des royalistes. Les conseils déclarèrent : « Qu'il

(1) Toute cette correspondance est transcrite sur le registre des délibérations, à la date des 15, 23 et 29 brumaire an v.

» y avait une grande conspiration pour ren-
» verser, au moyen des élections, la constitu-
» tion de l'an III et le gouvernement républi-
» cain ; que ce serait outrager la majesté du
» peuple français que de regarder comme son
» ouvrage des élections visiblement préparées
» pour détruire sa souveraineté. » En consé-
quence, ils annulèrent les élections de la majorité, ratifièrent les choix de la minorité ; et
l'on compléta par les élus des modérés et des
royalistes, ces conseils décimés naguère en
haine de la royauté.

A Clermont, la majorité des électeurs du
Puy-de-Dôme s'était réunie aux Charitains, à
cette place où nous sommes : on leur préféra
une minorité de vingt électeurs, assemblée
aux Ursulines. Elle avait arrêté de faire ses
choix dans les rangs de la majorité : M. Grenier, nommé par elle avec Dulaure, Girot-
Pouzzol, Enjelvin, Baudet et Laloue, entra le
1ᵉʳ prairial au conseil des Cinq-Cents.

Il y fut ce qu'il était toujours, un honnête
homme, un jurisconsulte laborieux. Dans ces
jours de désordre, il cherchait à ramener les
esprits au droit et à la raison.

C'est ainsi qu'il fit annuler les opérations
des assemblées primaires de Lyon, *parce que
les procès-verbaux ne présentaient que l'image*

du tumulte, du trouble et du désordre (1). Ainsi encore, il combattit Jacqueminot proposant de donner aux militaires la faculté de tester, sans avoir égard à la quotité disponible. *Les dons publics*, disait-il (2), *l'avancement, les honneurs décernés par la nation, voilà les récompenses auxquelles les militaires ont droit; on ne peut leur en accorder d'autres, sans donner lieu à des abus.* Plus tard, il présentait une opinion développée sur la représentation à l'infini, et le conseil en ordonnait l'impression (3); il réglait par un projet de loi les bases de la rescision pour cause de lésion, dans les ventes dont le prix avait été stipulé ou payé en papier-monnaie, et faisait décider que les vendeurs de biens nationaux ne pourraient profiter de cette rescision. Il voulait par là mettre un terme à l'agiotage dont ces biens étaient l'objet; empêcher que l'on assimilât ces agioteurs au malheureux qui avait vendu à perte, pressé qu'il était par le besoin. Surtout, il ne voulut pas que ceux qui avaient vendu par peur, pussent dépouiller ceux qui en achetant, avaient *parié pour la répu-*

(1) 21 fructidor an VI.

(2) 2 messidor an VI

(3) 8 nivôse an VII.

blique (1). Jourdan de la Haute-Vienne avait proposé de retrancher du serment de la garde nationale ces mots, *haine à l'anarchie*, qui servaient de cri de ralliement contre les patriotes et les républicains; M. Grenier s'y opposa. « Le » mot anarchie, répondit-il avec fermeté, a » reçu dans l'esprit des Français une acception » claire et qui n'est pas contestée. Les systèmes » de Babœuf et de Robespierre étaient des sys- » tèmes d'anarchie, le système odieux de 93 » était le résultat de l'anarchie. Ce que le peu- » ple français entend par anarchie, ce sont » les habitudes révolutionnaires (2). »

Ces paroles pouvaient être bien dangereuses. Mais déjà Bonaparte avait fait à l'Egypte les adieux sanglants d'Aboukir ; il reparut en France ; et, au 18 brumaire, M. Grenier, de législateur qu'il était, devint tribun du peuple. Il changeait de titre sans changer de fonctions, d'habitude ni de langage.

Reprenant aussitôt son œuvre de jurisconsulte, il combattit un projet de loi trop compliqué, relatif à la poursuite des prévaricateurs (3); fit un rapport qui amena l'institution

(1) 17 germinal an VII; 17 prairial même année.
(2) 8 thermidor an VII.
(3) 6 pluviôse an VIII.

des receveurs particuliers (1) ; demanda le rétablissement du droit de tester, qu'il regardait comme inhérent au droit de propriété (2) ; prit part à la discussion de la loi sur les concessions de mines, et présenta, au nom de la section de législation, un projet sur la contrebande avec attroupement et port d'armes (3). A cette occasion, il exposa la différence entre la contrebande nouvelle exilée aux frontières, et la contrebande qui sillonnait la France autrefois, lorsqu'elle était divisée par une multitude de barrières ; enfin, il développa une théorie de l'impôt puisée dans cette phrase de Tacite : *Nec quies gentium sine armis, nec arma sine stipendiis, nec stipendia sine tributis haberi queunt*: pas de sécurité sans armes, pas d'armée sans solde, pas de solde sans impôts.

Ces travaux législatifs ne lui suffisaient pas. Il s'agitait alors une question juridique en apparence, politique au fond, et du plus haut intérêt. Le premier consul, qui n'avait pas d'enfant, songeait à en adopter un. La législation en vigueur ne le permettait pas. M. Grenier fit paraître un *Essai historique sur l'adop-*

(1) 23 ventôse an VIII.
(2) 28 ventôse an VIII.
(3) 6 floréal an IX.

tion, constata ses rares avantages, ses nombreux dangers, et demanda que son établissement fût accompagné de formalités rigoureuses. A ce sujet, suivant l'histoire de l'adoption jusque dans le droit des Barbares alors si dédaigné, il signala ses rapports avec l'institution contractuelle, et pressentit dans la loi salique l'origine de ce testament irrévocable demandé vainement par de Laurière à la loi romaine.

Un champ plus vaste allait s'ouvrir à ses méditations ; l'Assemblée constituante avait rêvé pour toute la France une législation générale.

Elle voulait abroger nos trois ou quatre cents coutumes, et soumettre un même peuple aux mêmes lois. La Convention toute-puissante, le Directoire après elle, avaient tenté en vain cette grande réforme. Un soldat, un nouveau venu au pouvoir, Bonaparte commanda ce que n'avaient pu faire ni le Directoire avec Merlin, ni la Convention avec Danton et Robespierre, ni l'immortelle Assemblée où régnait Mirabeau. La nouvelle constitution de la France organisée par Sièyes, de moitié avec le premier consul, semblait se prêter assez bien aux grandes révolutions légales. On avait fait du Corps législatif un tribunal devant lequel les membres du Tribunat venaient plaider pour ou contre la loi présentée. Ainsi les orateurs ne votaient pas , les juges ne parlaient pas. Nul amendement n'était permis , et l'on avait sécurité complète contre les improvisations de l'humeur ou de la vanité.

Une commission rédigea un premier projet de Code civil, et M. Grenier y prit part. Mais durant le travail une forte opposition s'était organisée contre la puissance de Bonaparte et surtout contre sa gloire. Des orateurs s'écriaient au Tribunat : « Nous avons brisé une idole séculaire , nous saurons bien renverser une idole d'un jour. » Pour y parvenir, les opposants demandèrent et obtinrent au Corps législatif le rejet du premier titre du Code civil.

Quand on veut tuer ces oppositions systématiques, il y a un moyen infaillible ; on attend qu'elles réussissent à commettre une grande faute, et l'on se hâte de la compléter. Un titre du Code civil avait été rejeté , Bonaparte retira le projet tout entier. La France poussa des cris d'indignation , et l'opposition fut anéantie. Elle avait résisté hors de propos ; elle céda toujours. Pour mieux faire , on faussa la constitution , et le débat sérieux du Tribunat fut remplacé par des rapports convenus ; mais véritablement l'uniformité des lois était à ce prix , et nous savons aujourd'hui ce que les 2,000 articles du Code civil seraient devenus dans une discussion parlementaire.

Une fois débarrassés des formes impossibles, Portalis, Tronchet, Bigot-Préameneu et Malleville se remirent à l'œuvre. Leur nouveau projet communiqué aux cours du royaume, débattu au Conseil d'état, était ensuite transmis à la section de législation qui s'était formée au sein du Tribunat.

Cette communication officieuse amenait entre les membres un débat secret, mais sérieux et bien plus utile que les discussions solennelles et passionnées. M. Grenier, l'un des deux secrétaires de la section (1), rédigea la moitié de ses mémorables procès-verbaux.

Quand les amendements demandés officieusement par cette portion du Tribunat avaient été discutés au Conseil, quand on s'était accordé sur les points débattus, on remplissait la formalité constitutionnelle. Un membre du Conseil d'état présentait le projet, un tribun en proposait l'adoption à ses collègues, un autre la demandait ensuite au Corps législatif.

Or, dans ces grandes solennités qui préparaient à la France une vie nouvelle, Portalis

______

(1) L'autre secrétaire était **M. Faure**. La section était présidée par l'un des hommes les plus vénérables de notre époque, **M. le comte Siméon**, qui, dans ces dernières années, a publié encore d'excellentes observations sur diverses parties de notre droit.

fit la première présentation, M. Grenier fit le premier rapport (1). Quatre fois il parut à la tribune, tenant un titre du Code civil à la main, et sa voix proclama les principes nouveaux sur *la publication, les effets et l'application des lois*, sur *la propriété*, sur *le contrat de vente*, sur *les priviléges et les hypothèques.*

C'est ainsi qu'il associa glorieusement sa mémoire à celle de Portalis et de Napoléon.

Quand le dernier titre du Code eut été promulgué, Curée vint rappeler au Tribunat que le *siècle de Napoléon Bonaparte était à sa quatrième année;* ensuite il demanda pour lui une puissance nouvelle.

M. Grenier était devenu, par ses pacifiques études, un des compagnons de gloire du grand homme; on le nomma membre de la commission qui en fit un empereur.

C'était le dernier, ce fut pour ainsi dire le seul acte politique de M. Grenier. Plus tard, il passa du Tribunat au Corps législatif; devint membre de la commission de législation qui le choisit encore pour son secrétaire, et rédigea les observations de cette commission sur le Code criminel. L'impression n'en fut pas autorisée par le gouvernement; comprenant

____

(1) Séance du 9 ventôse an XI.

alors que l'époque des travaux législatifs était terminée, il voulut tout à la fois retourner à l'étude et revenir à sa patrie. Il borna donc sa carrière, et se fit nommer, en 1808, pro-cureur-général à Riom.

Dès ce jour, il ne cessa plus d'être écrivain et magistrat. En 1807, il avait déjà livré à la presse son *Traité des Donations*, suivi d'un *Traité de l'Adoption*; il le refondit en 1812, et l'augmenta en 1826. Son *Traité des Hypothèques*, publié en octobre 1822, fut enlevé si promptement qu'il devint indispensable de le réimprimer dès 1824. Par une singulière coïncidence , *le Commentaire sur l'édit de* 1771 avait eu de même deux éditions en dix-huit mois.

Tous ces écrits ont un caractère qui leur est propre. Venu au monde dans un pays où l'on comprend le droit par instinct, M. Grenier était né jurisconsulte. Sous ses yeux, il avait trouvé le plus vaste sujet d'étude. L'Auvergne, placée à la limite des pays de droit écrit et des pays coutumiers, régie par un statut ancien dans lequel l'esprit germanique s'était allié à la tradition romaine; parsemée de terres d'é-glise où régnait la loi de Justinien ravivée par l'inspiration chrétienne; sillonnée par la féoda-lité, mais retenant la maxime du franc-alleu; admettant tout ensemble l'institution contractuelle et la forclusion, l'association de tous les biens et la dotalité la plus rigoureuse, l'Auvergne, avec sa législation multiple, conciliait tout et faisait tout comprendre. Formant de siècle en siècle un grand jurisconsulte, elle dicta au vieux Mazuer sa pratique universelle, donna à L'Hospital son ferme coup d'œil, à Domat son génie; et, terre de transition, forma, pour une époque de transition, un jurisconsulte en qui l'esprit nouveau s'alimentait par les anciennes doctrines.

Aussi, quand vint le temps de la rénovation, lorsque la plupart des esprits croyaient qu'on allait faire table rase, et inventer toute une législation, M. Grenier, dès le premier jour et devant le Tribunat, citait l'auteur des *Lois civiles*; faisait, avec le président Brisson, l'histoire de la promulgation des lois, et s'aidait d'Heineccius et de Tacite, de Puffendorf, Barbeyrac et Cumberland, pour exposer la constitution de la propriété.

Plus tard, quand il écrit son Traité des Donations dans la ville où Bergier avait fait imprimer la dernière édition de Ricard, il place en tête de son œuvre un discours historique sur la législation ancienne. Persévérant dans son système, utilisant Thevenot et de Laurière pour expliquer les substitutions prohibées, Lebrun et Furgole pour interpréter une loi d'égalité héréditaire, Chabrol pour approfondir la doctrine des institutions contractuelles, il sait trouver des trésors de science moderne dans ces vieux livres si opposés à l'esprit nouveau.

Enfin, quand il aborde ce régime hypothécaire que Napoléon lui-même avait tracé, l'auteur du Commentaire de l'édit de 1771 n'est point effrayé de la publicité; il regrette la transcription, lui qui avait aidé à l'introduire dans la loi de brumaire an VII; mais il a saisi l'ensemble du système, il prépare de sages améliorations ; et pour répandre la lumière sur des obscurités qui effrayaient tous les commentateurs, il s'aide tour à tour de Cicéron et d'Horace, du testament de Colbert et des mémoires de Sully, sans dédaigner Néguzantius et Basnage.

Ne croyez pas néanmoins que ses livres soient composés avec des lambeaux d'anciens auteurs; il a trop bien lu pour citer beaucoup. A force de méditer quelques vieux livres il en a fait sa substance; mais leur pensée s'est si bien incorporée avec la sienne, qu'elle est devenue toute moderne. Dans la transformation il n'est rien resté d'eux.

Il marche en tous ses écrits avec uniformité;

il cherche d'abord les principes, les établit avec force, et laisse arriver les conséquences : il procède lentement et se développe avec ampleur, surtout dans ses dernières éditions, lorsque les besoins du temps, l'exemple de Merlin et les succès de ses réquisitoires le poussent malgré lui à la dissertation, comme Toullier, comme Proudhon, comme tous ses contemporains.

Il est modeste, même dans ses livres ; sa science l'a rendu circonspect, peut-être même un peu timide. La variété des faits qui se déroulent devant son siége, lui fait vivement sentir qu'au fond d'un cabinet le jurisconsulte ne saurait tout prévoir, et il s'incline un peu trop devant la jurisprudence.

Son grand désir était d'être clair, et sachant que c'est un mérite fort rare, pour s'éprouver, il lisait à sa petite-fille les morceaux les plus ardus de son travail. La jeune fille, calme et souriante, écoutait et jugeait les gros livres du vieux jurisconsulte.

Tel était l'écrivain. Au palais ce fut un ancien magistrat appliquant la loi nouvelle. Toujours attentif, toujours intègre, dégagé de toute opinion préconçue, il ne craignait point d'entendre contredire ses doctrines, et jusqu'au dernier jour le juge fut prompt à condamner l'auteur. Quand il s'agissait de promotions dans l'ordre judiciaire, il tenait compte des bons services toujours, de la science très-souvent, de l'affection jamais. On le vit refuser une présentation à son gendre, et préférer un magistrat plus ancien de quelques jours.

Il avait fait tous ses efforts pour conserver à Riom son tribunal d'appel (1), il en devint l'illustration. La cour grandissait par sa présence ; ses arrêts, quand elle était présidée par l'auteur du Traité des Donations et du Traité des Hypothèques, avaient une double autorité. C'était tout à la fois l'opinion d'une compagnie savante et le complément d'un bon livre.

Ses écrits, ses fonctions font deviner son caractère. Il était laborieux par plaisir. Je n'ai aucune raison de me presser, disait-il habituellement ; et il ne se pressait jamais, parce qu'il travaillait toujours. Homme d'un autre âge, il ne courait point après la renommée, il la laissa venir.

Simple comme les anciens auteurs, économe comme eux, il était, comme eux, désintéressé.

(1) Il publia à ce sujet un mémoire, le 26 pluviôse an VIII, et le termina par ce vers :

Mantua, væ miseræ ! nimium vicina Cremonæ !

Ses livres ne furent jamais une spéculation. Quand il publia pour la première fois le Traité des Donations, il s'effraya de ce que son libraire l'imprimait à ses risques; il insista longtemps pour supporter les pertes sans partager les bénéfices. Quand le succès eut calmé sa crainte, quand on lui demanda une seconde édition, ce fut une autre difficulté; il trouvait beaucoup trop fort le prix qui lui était offert. La question fut mise en arbitrage; et il eut du bonheur à obtenir une forte diminution. Quand il ajoutait à ses livres quelques pages nouvelles, il se tourmentait du dommage qu'allaient éprouver les premiers acquéreurs, et faisait publier des suppléments qui n'étaient jamais achetés. Ses écrits étaient nécessaires; on préférait malgré ses soins une édition nouvelle.

Il comprenait son mérite sans en être fier, et s'étonnait des honneurs qui venaient le chercher. «Qu'ai-je fait pour cela? disait-il; est-il donc si étonnant qu'on aime le travail?» Rien n'altéra sa simplicité ; le premier magistrat de quatre départements resta toujours le fils du bailli de Lugeac. Il garda ses anciens vêtements comme il avait gardé les mœurs antiques. Populaire dans une ville qu'il aimait, il cheminait avec lenteur en allant à son siége, et s'arrêtait volontiers devant les modestes boutiques où il avait vu s'enrichir les pères et grandir les enfants. Sachant combien il est utile d'inspirer au pauvre la confiance dans la justice, il accueillait par devoir autant que par plaisir le plaideur en veste brune et en grand chapeau rabattu ; se faisait plus simple encore pour le mieux rassurer, et lui parlait dans son langage. Cet idiome lui plaisait ; plus d'une fois dans son salon il fit entendre des expressions populaires, et sa conversation naïve et gaie en devenait plus piquante. Quelquefois aussi, son libre commerce avec les muses latines, amenait sur ses lèvres des paroles légèrement scabreuses, des compliments qui faisaient quelque peu rougir. C'était un étrange contraste avec une pureté de mœurs qui n'est plus de notre temps. « Je relis nos classiques, disait-il à un magistrat qui le trouvait un livre à la main.... je relis La Fontaine, ses fables ; et il ajouta d'une voix chagrine, on dit que cet auteur a fait des contes vraiment licencieux ! »

Malgré sa bonhomie il savait être fier au besoin, et caustique malgré sa bonté. « Vous êtes un ambitieux, lui dit avec aigreur un abbé qui depuis long-temps avait oublié sa robe.— Oui, monsieur, je suis ambitieux, répondit le magistrat, et si j'avais été prêtre j'aurais voulu devenir évêque. »

Ce mouvement d'indignation vous révèle un de ses sentiments. M. Grenier était chrétien à l'exemple de tous les grands jurisconsultes. Il avait conservé la foi comme un précieux patrimoine qu'il avait reçu de ses pères, et qu'il devait léguer à ses enfants. Parvenu à ses jours d'octogénaire, à ces jours qui sont moins une suite de la vie qu'une préparation à la mort, il pensa, dans ce repos de toute chose, qu'il lui restait à remplir un dernier devoir; et un jour que dans l'antique église de Saint-Amable, l'évêque de Clermont donnait le sacrement qui fortifie, à une troupe de néophytes adolescents ou villageois, un autre néophyte se joignit à eux avec lenteur et recueillement (1). Celui-là était un vieillard blanchi sous l'hermine, qui venait demander à Dieu de la force pour mourir.

C'est ainsi qu'il passa parmi nous trente paisibles années qui ne furent troublées qu'une seule fois. Comme la Convention l'avait épargné, comme l'Empire l'avait fait baron et magistrat, il fut un moment suspect à la Restauration. On en rougit bientôt. Il fut maintenu en 1818 dans ses fonctions de procureur-général, nommé premier président au mois d'août 1819, et chevalier de Saint-Michel en 1821.

(1) Au mois de mai 1834.

Par une de ces exclusions étranges qui rappellent l'ostracisme des temps anciens, aucun des partis qui se disputaient alors la tribune, n'eut l'idée de choisir pour son représentant cet illustre vieillard. Son origine bourgeoise, ses travaux législatifs écartaient les votes aristocratiques, et sa grandeur personnelle irritait les susceptibilités populaires. Après la révolution de juillet, la royauté fit justice; elle inscrivit sur la liste des Pairs de France ce noble enfant du peuple que le peuple avait oublié.

Il hésita beaucoup à se charger de ce nouvel honneur, comprenant que bientôt il ne pourrait plus remplir aucun devoir : l'âge se faisait sentir, la vue s'affaiblissait ; lui-même alors, en 1837, marqua la fin de sa vie publique.

Mais le repos ne pouvait impunément suivre soixante-deux années de glorieux labeur. L'inaction fut mortelle à cette forte intelligence; elle l'éteignit par degrés. Puis la souffrance lui mesura quelques années bien tristes, mais qui ne furent pas tout à fait sans bonheur, car jusqu'au dernier jour, jusqu'au 30 janvier 1841 il put comprendre les soins pieux dont l'entourait sa fille.

Ainsi s'est terminée cette carrière si pleine et si pure, et si noble, l'honneur de deux générations, l'exemple de celle qui va nous suivre.

Cette vie est un enseignement fécond; elle nous apprend à nous grandir nous-mêmes. Dieu dispense à ses élus les trésors du génie, ou les richesses de l'imagination. Il accorde à d'autres ou la magie du style, ou l'ardeur de la parole, ou la puissance de la pensée. A ce fils de l'Auvergne il avait fait des dons plus modestes, ces dons que nous pouvons tous obtenir : un cœur honnête, un esprit droit, et surtout un puissant amour du travail. Ce dernier don fécondant tous les autres, enfanta en lui la justice et la science. Il fertilisa ses veilles, l'éleva au barreau, le porta à la tribune; en fit un grand magistrat dans le pays de L'Hospital, un grand jurisconsulte dans la patrie de Domat, et grava son nom en lettres éternelles sur le Code qu'inspira Napoléon et qu'adopta l'Europe ; sur cette colonne de paix dressée par le conquérant qui ébranla le monde; sur ce temple des lois qui seul devait rester debout au milieu des ruines de cette époque guerrière.

Clermont, Imp. de Thibaud-Landriot et Cie.